Ian Costabile

Três Histórias Diferentes para Aprender Português

A Árvore Mágica

O Mistério do Gato

Os Cinco Coelhos do Monge Pitânis

Três Histórias Diferentes para Aprender Português is a collection of three original stories, first published in August 2015.

ISBN-13: 9781999749705

Cover & Illustrations by Natan Heber
www.natanheber.com

INTRODUCTION

The three stories presented here have been written with the purpose of assisting those who are learning Portuguese as a foreign language. It has been designed for all ages and levels, from beginners to advanced students. The Portuguese presented in these stories is Brazilian, however, it can also be helpful for the study of European Portuguese.

In my own experience of learning foreign languages, I have always found fiction books very useful for learning vocabulary and sentence construction. Yet, most fiction books are written for natives of the language so they present translational difficulties and often are too 'poetic', containing a lot of non-colloquial language, which at times are not useful for second-language learners. I remember trying to memorize words such as "aloof" or "amiable" when learning English through literature. I only realised that they were not colloquial when natives of the language corrected me. It's not that poetic words are not important, but certainly, apart from reading experiences, they are not useful in real life situations and they shouldn't be the focus of language students.

Most Portuguese books which are exported from Portuguese speaking countries are classic literature (in a broad sense) and usually carry a language that is hard even for natives. Spoken Portuguese is very different from its literary language and what is more important to language students is to be able to join in a comprehensive conversation and for this, classic literature is not very helpful. I have been teaching Portuguese as a second language for many years and it has been difficult finding good literary resources for my students, therefore, I started writing my own stories and eventually I decided to publish them.

The language presented here combines the colloquial with the written, with most vocabulary being a "must know" for those who want to master Portuguese. There is also a tendency for repetition, which may aid the reader to memorize new words. The three stories were designed for different levels, the first for beginners (from A1 level) and the others for intermediate (from B1 level) or advanced. Thus, for learning purposes, grammar becomes more difficult progressively and some tenses, moods and other time expressions are introduced as such:

A Árvore Mágica

I – A Árvore da Família

Present Tense (*Presente do Indicativo*)

II – A Fazenda das Flores

Present Continuous (*Presente Contínuo*)

III – A Raposa e o Índio

Past Tense (*Pretérito Perfeito Simples*)

Immediate Future (*Futuro Imediato*)

O Mistério do Gato

Imperfect Tense (*Pretérito Imperfeito do Indicativo)*

Conditional Tense (*Futuro do Pretérito*)

Future Tense (*Futuro Simples do Indicativo*)

Pluperfect Tense (*Pretérito Mais que Perfeito Composto*)

Os Cinco Coelhos do Monge Pitânis

Subjunctive Mood (*Modo Subjuntivo*)

Personal Infinitive (*Infinitivo Pessoal*)

This system is efficient for Portuguese students that still need to develop fluency in verb conjugation and Portuguese teachers may also use these stories as a teaching resource. Nevertheless, all stories may be read by all levels and it's not necessary to understand what is happening in grammar terms, since only a dictionary may be enough to follow through the narrative. What is important is to use your imagination, engage in the story and have fun.

You will see that the stories have a very distinct tone among them. Indeed, they are different and unconnected stories with three chapters each. Thus, they offer easy reading, without requiring much time for completion and offering a variety of story-telling narratives. The first story has influences of the indigenous peoples of Brazil, the second is a funny detective story and the third accompanies some philosophical concepts that may provide you with some language learning secrets.

Boa leitura e divirta-se!

Dedico este livro a todos os que estudaram português comigo, especialmente a um amigo indonésio chamado Amrizal Aufar.

I
A ÁRVORE MÁGICA

Capítulo 1

A Árvore da Família

Olá. Eu me chamo Lucas. Eu tenho dez anos e moro no Brasil. Hoje é segunda-feira, mas não vou para a escola porque estou de férias. Eu estou feliz porque eu adoro as férias! Nas férias eu brinco com meus amigos, jogo futebol na rua e faço muitas coisas! Minha irmã se chama Naiá. Ela tem nove anos e também está de férias. Nós moramos com nossos pais e temos um gato que se chama Malhado. Nós gostamos muito do nosso gato. Minha mãe se chama Iara. Ela diz que eu sou um menino muito esperto porque eu sempre faço perguntas. As perguntas são assim:

Eu digo:

— Por que as árvores crescem?

E minha mãe responde:

— Porque elas tomam muita água e sol.

E eu pergunto novamente:

— Por que elas não crescem até o céu?

— Porque elas envelhecem, como as pessoas. Há pessoas velhas e há árvores velhas.

Essa é uma boa resposta! Mas minhas dúvidas não terminam. Então, eu pergunto:

— Quantos anos vivem as árvores?

E ela diz:

— Algumas árvores vivem sessenta anos, outras setenta anos e outras oitenta. Mas as árvores podem viver muito mais! Há árvores muito velhas! Algumas vivem seiscentos anos, outras setecentos... Os cientistas dizem que algumas árvores têm cinco mil anos! Você acredita?

E eu digo:

— Sim mãe, acredito! No nosso jardim há uma árvore verde, muito grande e muito bonita! Quantos anos ela tem?

E ela diz:

— Nossa árvore tem nove anos, como a sua irmã. Aquela árvore é uma peroba. É uma árvore brasileira que cresce devagar, mas vive muitos anos.

Minha mãe sabe muitas coisas. Principalmente sobre a natureza, porque ela é bióloga. Eu sei só um pouco... Há muitas coisas na vida que eu quero aprender, por isso eu faço perguntas. Minha irmã também faz perguntas. Ela gosta de perguntar sobre as pessoas. Ela pergunta coisas assim:

— Por que minha avó fala italiano e não fala português? Por que meu avô dorme tanto? Por que você é menino e eu sou menina?

Meu pai também é esperto. Ele é músico e jornalista. Ele escreve sobre muitas coisas, então ele sabe muito! Ele tem trinta e oito anos. Ele não é muito velho, ele é jovem. Meu avô tem sessenta e cinco anos. Ele é velho, mas gosta de comer chocolate. Ele come chocolate o tempo todo! Quando ele está em casa, vai à cozinha e pega um chocolate do armário. Ele me dá um pedaço e nós comemos juntos. Eu adoro chocolate, mas eu só como um pouco porque não é bom para os dentes. Meu avô também me dá muitos presentes. Sempre quando eu vou a casa dele, ele me dá um presente. Eu gosto muito de presentes! E minha irmã também gosta. Ah! E o meu gato, o Malhado, ele também gosta! Eu dou presentes para ele e ele fica muito feliz! Ele é um gato cinza e branco, muito bonito.

Meus avós são italianos, mas eles moram no Brasil. Há muitos italianos que vivem no Brasil. Eu vivo no Brasil, mas eu não falo italiano. Eu só falo português. Meu pai fala muitas línguas e ele adora tomar café. Ele toma café no café da manhã e no almoço. Eu só tomo leite com chocolate.

Hoje meu pai não trabalha. Ele está de férias também, então, amanhã nós viajamos! Eu adoro viajar e eu estou muito feliz! Nós vamos para o campo na casa da minha tia Jussara. Minha tia mora em uma casa nas montanhas, perto de uma floresta muito grande e bonita. Ela sempre diz que nessa floresta tem uma árvore muito grande e mágica!

Agora preciso pensar. O que eu posso levar para a viagem? Eu sempre levo minha bola para jogar futebol. Eu sou muito bom no futebol, eu jogo bem! Eu também sempre levo meu livro favorito para ler e levo meu caderno para escrever. Meu pai diz que eu escrevo muito bem. Ele sempre leva o violão porque gosta muito de música, mas também joga futebol e às vezes, nós jogamos juntos.

Hoje nós fazemos as malas e pegamos as coisas que precisamos levar para a viagem. Ah, e nós levamos o gato, também! Ele não gosta muito de viajar, mas também vai. Ele pode brincar na viagem. Ele é um gatinho pequeno e brinca o tempo todo. Nós partimos amanhã de manhã, bem cedo, porque queremos chegar à tarde e não à noite. São quatro horas de viagem.

Bom, agora vocês já conhecem minha família. Minha mãe diz que famílias são como árvores, elas crescem para caminhos diferentes, mas dividem a mesma raiz. Eu escrevo mais coisas amanhã, porque agora é hora de dormir. Vocês gostam da minha história? Eu espero que sim! Tchau, até amanhã!

Capítulo 2

A Fazenda das Flores

Nós estamos viajando! Eu estou escrevendo no carro do meu pai e nós estamos chegando à casa da minha tia Jussara. É muito bom estar no campo. Lá na cidade o ar é muito poluído, mas aqui o ar é tão limpo! Meu gato, o Malhado, está dormindo. Ele tem medo de viajar, mas eu acho que ele está gostando.

Agora nós estamos chegando perto da casa da minha tia. Meu pai está dirigindo devagar, em uma estrada de terra. Eu estou olhando pelas janelas do carro e estou vendo muitas coisas interessantes. Eu vejo muitas árvores altas e bonitas e acho que elas são bem velhas. Eu vejo um pássaro azul voando, bem rápido. Eu vejo um homem de chapéu de palha andando na rua. Acho que ele é um fazendeiro. Meu pai pergunta para ele:

— Boa tarde! O caminho para a casa da tia Jussara é este?

E o fazendeiro responde:

— Acho que não. A minha tia Jussara vive em outra cidade! O senhor deve estar enganado!

E meu pai, rindo, diz:

— Desculpe, não é a casa da sua tia que eu procuro, mas a casa da minha irmã, que também se chama Jussara... Ela mora na Fazenda das Flores. Você conhece?

— Ah! Sim senhor, eu conheço. A Fazenda das Flores não é longe. Você está no caminho certo! Continue indo reto e em dez minutos você chega lá.

— Ótimo, obrigado.

— De nada! Boa viagem!

Eu acho que existem muitas tias "Jussaras" no mundo! Este fazendeiro parece ser um homem muito legal e ele tem um chapéu bem engraçado! Agora estamos entrando na fazenda. Sim, é isso mesmo. Eu estou vendo muitas flores. Há flores azuis, flores verdes, flores vermelhas... Tem tantas cores diferentes! Eu acho que é por isso que a fazenda se chama "Fazenda das Flores". Lá está minha tia Jussara! Vou logo sair do carro e dar um abraço nela, ela é muito divertida!

Agora estamos entrando na casa dela. O Malhado, meu gato, está procurando um lugar para se esconder. Agora ele está com medo, mas, depois ele vai ficar bem. Na sala de estar há um tapete grande, uma mesa de jantar, uma janela, um sofá e duas poltronas. A sala também tem lareira e não tem televisão. É muito boa para ler livros. Mas o melhor da fazenda fica do lado de fora, porque lá tem vacas, galinhas e outros bichos. Também tem árvores de frutas, incluindo um limoeiro. Eu adoro essa árvore, porque eu pego os limões para fazer limonada!

A fazenda não é muito grande, mas ela é cercada por uma floresta imensa. Há um rio na floresta que começa numa pequena cachoeira. Minha tia Jussara diz que perto da cachoeira existe uma árvore mágica. Eu vou pedir para ela me contar a história de novo.

— Tia, você pode me contar a história da árvore mágica, mais uma vez?

— Claro! Vamos imaginar o passado, juntos... Muitos índios de uma tribo vivem felizes em uma linda floresta e a grande árvore mágica é o lugar onde eles se reúnem para celebrar festas e tradições. Essa árvore protege toda a floresta e quando os índios tocam a música da semente, a árvore solta para o ar milhares de sementes, parecendo uma chuva de algodões mágicos que voam, lentamente, por toda a floresta.

Normalmente, essa árvore produz sementes brancas, mas quando os índios tocam a música mágica, a árvore produz sementes vermelhas e azuis. As sementes vermelhas são as mais especiais e raras, pois quem conseguir pegar uma semente vermelha, antes que ela toque o chão, pode pedir para que a semente se transforme em qualquer coisa!

— E as sementes azuis?

— Com as sementes azuis você pode se transformar em qualquer bicho da floresta.

— Uau, que história incrível!

— Sim! Mas, infelizmente, hoje os índios não vivem mais na nossa floresta. A magia da natureza não existe mais, perdeu-se para sempre.

— Por quê?

— Não sei...

Eu quero muito ver essa árvore! Acho que amanhã vou procurar ela na floresta. Amanhã vou acordar, vou tomar café da manhã e vou direto para a floresta, seguindo o caminho da cachoeira! Amanhã uma aventura me espera! Mas agora, vou descansar um pouco na rede, ouvir o canto dos passarinhos e sentir o ar puro do campo. Que delícia de vida!

Capítulo 3

A Raposa e o Índio

Hoje, depois que eu acordei, tomei um bom café da manhã e fiquei pronto para a minha aventura! Segui o rio que vai até a cachoeira e lá pude ver várias sementes brancas voando no ar.

Quando eu cheguei na cachoeira, eu pude ver a floresta toda cheia de sementes brancas, parecendo neve ou algodão. Neve é impossível, porque no meu país nunca nevou e, muito menos, no verão. Quando cheguei perto da cachoeira, as sementes fizeram uma dança e, parecendo algodões, decoraram toda a floresta. Eu decidi chamar essa dança de "neve de algodão".

Perto da cachoeira eu pude sentir um ar muito fresco, ouvir o som da água e ver uma paisagem linda. Então, eu fui procurar a árvore, mas não consegui encontrá-la. Um barulho chamou a minha atenção, foi quando encontrei uma raposa precisando de ajuda. Ela estava presa em um buraco, tentando sair! Eu corri para procurar uma corda e encontrei um pedaço grande de cipó. Joguei para a raposinha. Ela mordeu o cipó e eu o puxei. Foi difícil, mas nós conseguimos!!

A raposa ficou muito feliz que eu a ajudei. Eu acho que ela estava tentando me mostrar alguma coisa. Então eu decidi segui-la. Passamos por algumas árvores, por dentro da floresta, até que, de repente, eu encontrei a árvore mágica. Que árvore linda e imensa! Com a neve de algodão dançando em volta dela, realmente, ela estava parecendo uma árvore encantada!

Logo, a raposa me levou até a árvore e começou a correr em volta dela. Acho que ela estava procurando alguma coisa. Ah! Ela encontrou. A raposinha estava tentando pegar uma semente da árvore mágica com a boca. Foi difícil mas, quando ela conseguiu, se transformou em um homem, num índio! E ele disse:

— Obrigado por me ajudar, menino! Você foi muito gentil. Eu estava preso naquele buraco, por três dias! Eu não pude comer e nem beber. Na verdade, eu não sou uma raposa. Eu sou um índio e vivo aqui na floresta.

Surpreso, eu gritei:

— Então é verdade!! A árvore é, realmente, mágica!

— Com certeza, é uma árvore mágica. Você já ouviu a história dessa árvore maravilhosa?

— Sim, minha tia me contou. Então, isso quer dizer que você comeu uma semente azul e se transformou numa raposa!

— Pois é, é isso mesmo!

— E como você conseguiu voltar a ser homem?

— Eu comi uma semente normal, uma semente branca.

— Ah. Entendi!

— Eu estava vivendo como uma raposa por muito tempo. Eu fiz isso para aprender coisas da natureza, através dos olhos de um animal. Assim como eu, muitos índios fizeram isso no passado. Mas, infelizmente, não sobraram muitos.

— Por quê?

— Quando os índios descobriram a magia da árvore, eles tentaram pegar só as sementes mágicas de cor vermelha, pois estas sementes podem criar qualquer objeto! No começo, os índios pediram comida: peixe, milho, amendoim. Depois, pediram frutas: abacaxi, banana e mamão. Depois, pediram vasos e plantas. Assim, eles pararam de trabalhar.

— Pararam de trabalhar?

— Sim! Depois, começaram a pedir colares, animais, redes... Eles pediram mais e mais coisas, até que começaram a pedir armas para se proteger de outras tribos. Eles ficaram poderosos, mas toda a sua cultura se perdeu. O valor de todas as coisas que pediram também se perdeu. Os índios ficaram tristes.

— Que pena...

— Pois é. Alguns índios fugiram, foram morar em outras tribos e em outros lugares. Outros índios, assim como eu, começaram a comer apenas as sementes azuis, sementes que fazem você virar um animal. Mas a vida de um animal não é fácil, poucos conseguem sobreviver.

— Que história incrível... E agora, o que você vai fazer?

— Bom, primeiro, eu preciso comer, pois não como há muito tempo. Estou com muita fome e muita sede!

Então, o índio tirou de trás dele uma flauta de bambu e começou a tocar uma música muito calma e bonita. De repente, um vento forte começou a soprar e as sementes da árvore começaram a voar por toda a floresta. Dessa vez, as sementes não eram só brancas. Estavam voando muitas sementes azuis e, às vezes, algumas sementes vermelhas. A neve de algodão agora estava com três cores e toda a paisagem estava parecendo um lindo quadro de Monet (eu aprendi sobre ele na aula de educação artística).

Com as sementes voando em volta da árvore, o índio abriu as mãos, correu e tentou pegar uma semente mágica. Tentou e tentou até que, finalmente, conseguiu pegar uma semente vermelha. Ele fez um pedido. Pediu uma melancia enorme! Ele quebrou a melancia no meio e me deu um pedaço. Nós comemos juntos. Depois eu tentei também pegar uma semente vermelha. Foi difícil, mas eu consegui! O índio disse:

— O que você vai pedir?

Eu olhei para a semente. Pensei bastante e decidi:

— Nada. Eu não preciso de nada. Eu acho que aprendi uma coisa muito importante com sua história.

— Que bom menino. Você é muito esperto. Nós precisamos dar valor para o que temos. Na verdade, não existe uma só árvore mágica. Todas as árvores são mágicas. As árvores nos dão ar para respirar, frutas para nos alimentar, madeira para nos abrigar. Árvores também nos divertem, elas fazem o cacau, com o qual se faz o chocolate, e também instrumentos musicais. Mas nunca devemos abusar delas, senão elas perdem o valor.

Depois nós fomos até a cachoeira para ele beber água. Ele bebeu, sorriu para mim e disse:

— Até logo, menino, e muito obrigado! Nunca vou me esquecer que você me ajudou. Nós vamos nos ver de novo. Agora, eu vou me transformar em um pássaro azul e um dia vou voando visitar você.

— Tchau, índio! Foi muito bom te conhecer.

Depois disso, eu voltei para casa. Fiquei muito feliz, eu adorei minha aventura! Agora eu estou pensando que muitos bichos dessa floresta não são bichos, mas índios! Incrível.

O índio vai me visitar um dia, mas ele não sabe que o Malhado, meu gato, adora comer passarinhos! Mas eu acho que o índio vai tomar cuidado... Bom, eu espero que sim!

II
O MISTÉRIO DO GATO

Capítulo 1

O Bicho Sumiu

SEGUNDA-FEIRA

DUAS HORAS DA TARDE

Uma nova semana começa para o detetive Jorge Rubens. Normalmente, não lhe falta trabalho, hoje, porém, não tinha nada de interessante, apenas casos de relacionamento, traição, etc. No jornal, só as mesmas coisas de sempre, celebridades que faleceram, o time de futebol que ganhou, fatos sobre o mercado econômico chinês... O de sempre. Nas notícias locais, alguns acidentes, um supermercado novo, ainda assim, nada de interessante! Logo, o telefone toca. A secretária atende. Depois de dez minutos, ela vem até a mesa do detetive e diz:

— Doutor Rubens, chegou mais um caso para o senhor. Aqui está.

— Obrigado, ponha na minha mesa, por favor.
Sobre o quê é?

— Sobre um bicho que sumiu e...

— Bicho? Que bicho?

— Um gato. Um gato que desapareceu e...

— Que absurdo! Um gato desaparecido? Isso não é serviço de detetive.

— Sim, doutor Rubens, mas não é só isso! Me deixa terminar... Uma senhora perdeu o gato e, depois, outras coisas começaram a desaparecer também. No primeiro dia, foi o gato, no segundo, almofadas, tapetes e livros. No terceiro, as roupas da senhora sumiram!

— O quê?! Como assim?

— Pois é. E parece que a polícia já investigou, mas não conseguiu descobrir o que aconteceu. Por que um ladrão roubaria coisas tão simples? Deve ser algum tipo de trote.

— Muito estranho. Tudo bem, eu vou aceitar este caso. Confirme tudo direitinho para mim, e veja se amanhã cedo eu posso visitar esta senhora.

SEIS HORAS DA TARDE

Depois de aceitar o caso, detetive Rubens esperou até às seis horas para ir embora. Quando saiu do escritório, entrou no carro e, para enfrentar o trânsito do dia a dia, pôs um CD de samba para ouvir. Enquanto dirigia, a fome apertava e ele pensava no que poderia comer. O detetive não era um bom cozinheiro, porque, como estava sempre ocupado, não tinha muito tempo para cozinhar. Então, normalmente, ele só comia lanches e só cozinhava mesmo, quando tinha muita fome.

A noite estava chegando. Era uma noite fresca de verão, quente, mas com uma brisa agradável. A cidade estava cada vez mais escura e iluminada por luzes de diferentes cores, o verde dos semáforos, o vermelho dos carros parando no trânsito e as luzes amarelas que vinham das janelas dos apartamentos, onde era possível ver as sombras de pessoas que retornavam cansadas, após um dia longo de trabalho.

OITO HORAS DA NOITE

Quando chegou em casa, tomou um banho relaxante e, depois, foi dormir. Mas, antes de dormir, percebeu que algo estava errado. O seu tapete da sala tinha sumido. Sentiu uma sensação estranha, ficou confuso e pensou:

— O que aconteceu com o meu tapete? Eu não o tirei da sala! Será que eu me esqueci? Não pode ser. Eu tenho uma ótima memória. Antes de me tornar um detetive eu treinei minha memória para ser eficiente como a de um corvo ou de um elefante. Mas, mesmo assim, eu não faço ideia do que aconteceu. É engraçado que meu tapete sumiu, exatamente como no caso que vou investigar amanhã... Bom, depois eu penso sobre isso. Agora tenho que dormir.

Então, o detetive dormiu. Sonhou que, nessa mesma noite escura, ele seguia um gato preto na rua. Porém, sempre quando olhava para ele, o gato virava para outra rua. O detetive andava, o gato se mandava. O detetive corria, o bicho sumia.

Capítulo 2

A Investigação

TERÇA-FEIRA
OITO HORAS DA MANHÃ

Quando o detetive acordou, se exercitou com algumas flexões e leu um pouco. Depois, tomou café da manhã, tomou banho e, mesmo sem resolver o seu próprio mistério, o seu tapete desaparecido, foi direto trabalhar na investigação do novo caso. Às oito horas da manhã, detetive Rubens chegou na casa da senhora dos misteriosos objetos desaparecidos, e o gato, é claro.

Dona Janete era uma senhora de, mais ou menos, setenta anos. O marido já tinha falecido e ela vivia sozinha. O detetive investigou a casa, tirou algumas fotos e depois desenhou a planta da casa. A casa era pequena. Havia uma sala de estar com uma janela grande e uma pequena mesa redonda de jantar. Na sala não havia muitos móveis, tinha apenas uma televisão pequena e uma cadeira. Estranhamente, não tinha sofá. Tinha um pequeno lavabo perto da sala, uma porta para a cozinha e uma porta para a suíte. O quarto da senhora era grande, com muitos móveis antigos e fotos de família. O banheiro tinha azulejos azuis e decorações de bambu. Todos os cômodos da casa tinham uma janela.

Após investigar a casa, o detetive logo começou a fazer perguntas:

— Faz quanto tempo que a senhora mora aqui?

— Eu moro aqui faz, mais ou menos, trinta anos...

— E você conhece seus vizinhos? Você acha que algum vizinho poderia ter entrado na sua casa?

— Eu conheço todos os meus vizinhos. Eles são tudo gente boa, nenhum deles roubaria minhas coisas.

— E como era seu gato?

— Bom, o Zulu era um gato preto, dorminhoco e estava com os pelos caindo...

— Certo, e ele tinha alguma característica individual?

— Ah, ele era todo preto e tinha uma mancha branca na orelha. Veja aqui na foto.

— Muito bem. Acho que não será difícil reconhecê-lo. E ele saía muito na rua?

— O Zulu nunca saía de casa. Sempre ficava dormindo no sofá ou tomando sol na janela.

— O que a senhora faz, à tarde?

— Eu gosto de cozinhar, de assistir televisão e de limpar a casa.

— E que horas a senhora se deita, normalmente?

— Depois de assistir minha novela, eu sempre tomo uma bebidinha, depois, tomo o meu remédio e me deito, às oito e meia da noite. Mas o problema não é quando eu me deito, mas quando eu acordo. Sempre algo desaparece! Agora eu quero saber, onde estão minhas roupas? Será que eu vou precisar comprar roupa nova, todo dia? Eu vou à falência desse jeito.

— Hum...é mesmo muito estranho, mas não se preocupe, pois eu vou resolver esse mistério.

— Senhor detetive, "cê" "qué" uma "breja"?

— Ah... uma cerveja? Não, eu não bebo enquanto trabalho, mas obrigado.

O detetive achou bem engraçado ver uma senhora de idade usando gírias. Isso não era muito comum. Dona Janete era uma senhora moderna e vivia em uma casa muito limpa. O detetive não encontrou nenhum pó na casa, nem nos porta-retratos, nem nos lustres. Nem mesmo pelos do gato desaparecido havia na casa. Decidiu, então, partir para a segunda parte da investigação: vigiar a casa, à noite.

OITO E MEIA DA NOITE

O detetive passou no *drive-thru* para comprar um lanche e um café. Depois, foi até a rua da Dona Janete e estacionou seu carro em um lugar estratégico para vigiar a casa. Neste horário, a senhora já estava dormindo. O bairro era silencioso, exceto pelo barulho dos gatos de rua. Será que o gato Zulu estava vivendo na rua, junto com outros gatos? Talvez.

ONZE HORAS DA NOITE

Depois de duas horas sem nenhuma atividade, a porta da casa da Dona Janete se abriu! Porém, a senhora só estava tirando o lixo para fora. De pijamas, com uma cara de sono e andando com o corpo todo mole, ela levou seu saco de lixo preto até a lixeira na rua e depois, voltou para casa.

Essa noite prometia ser longa e um pouco molhada. Logo, gotas de chuva começaram a cair sobre os vidros do carro. Até agora, a única pista eram os gatos cantando e brigando à noite. O detetive, então, pensava que o gato estava comendo restos de lixo, ou namorando as gatas da região. O detetive investigava, a noite passava. O detetive refletia, a chuva caía.

Capítulo 3
Mistério resolvido... Ou não?

QUARTA-FEIRA
SEIS HORAS DA MANHÃ

A noite tinha passado muito devagar. Detetive Rubens estava morrendo de sono. O caminhão de lixo estava chegando para coletar o lixo da vizinhança. De repente, o detetive percebeu uma coisa! Correu até a lixeira comunitária e pegou o saco preto da senhora. Abriu o saco e... bingo! Um tapete pequeno, duas calças e um par de sapatos. A velha era tanto a vítima quanto a culpada. Como ela disse, ia para a cama às oito e meia. Porém, estava tirando o lixo às onze horas. Só podia ser uma coisa: um caso de sonambulismo!

Foi até a casa da Dona Janete. A porta da casa estava aberta. Pediu licença para entrar no quarto e confirmou os fatos. A velha não se lembrava de nada e disse que, normalmente, tira o lixo todos os dias, às quatro horas da tarde. Na mesinha do lado da cama, um copo de uísque e remédios para dormir. Desta combinação percebe-se o resultado: sonambulismo. A mente dorme enquanto o corpo atua. Somado isto aos hábitos de limpeza da senhora, está explicado o motivo dela ter jogado coisas fora.

— Dona Janete, a senhora tem que me prometer não fazer mais isso! Misturar remédios com bebidas alcoólicas é muito perigoso!

— Claro! Você tem razão Senhor Rubens. Eu achei que na minha idade eu não precisava me preocupar mais com isso. Bom, esta foi a última vez. Que loucura.

— Ótimo. Então o mistério está resolvido!

— Mas, Senhor detetive... E o gato?

— Gato?

Sim, o gato. O detetive tinha se esquecido do bicho. Será que ele tinha sido jogado no lixo? O gato então estava morto? Não. O lixeiro teria ouvido o gato miar! O detetive, então, resolveu investigar mais, porém decidiu ir primeiro para casa, pois tinha passado a noite acordado e precisava dormir.

SETE HORAS DA NOITE

O detetive voltou para outra noite de investigação, mas, desta vez, para encontrar o bicho que sumiu. Seguindo o barulho dos gatos, logo viu um gato preto na rua. Discretamente, acendeu sua lanterna e tentou seguir o gato para ver se era o mesmo. O gato fazia o seu trajeto felino, subia em muros, andava nos telhados, entrava em buracos... Estava muito difícil de segui-lo. Finalmente, o gato chegou a um beco, atrás de um restaurante, onde havia algumas lixeiras. Então era ali que os gatos de rua da região se juntavam para a festa noturna.

O detetive apontou sua lanterna em direção aos gatos. Só se viam olhos felinos refletindo a luz, era até um pouco assustador. Quando chegou perto, um gato gritou, ameaçando atacá-lo. O detetive tomou cuidado para não ser arranhado e observou, com atenção, cada gato. Tinha cinco deles, e só um era preto. Porém, não era o gato da senhora. Este não tinha uma mancha branca na orelha.

Passou mais um tempo procurando, e nada. O bicho tinha mesmo sumido. Decidiu, então, ir para casa dormir. Ele não era um detetive de animais e o caso principal já estava resolvido. No dia seguinte ele explicaria para a Dona Janete que ele tinha decidido encerrar o caso.

QUINTA-FEIRA
DUAS HORAS DA TARDE

Quando chegou na casa da Dona Janete, a porta estava aberta. Dois homens estavam entregando um sofá novo para dentro da casa. A senhora agradeceu e se despediu dos entregadores. O detetive então perguntou:

— Ah, a senhora comprou um sofá novo para a sala?

— Sim! Meu sofá antigo estava velho, o Zulu estava sempre dormindo nele e arranhando as almofadas. Então, semana passada eu dei o sofá para uma loja e comprei um novo, com desconto.

— Certo. E quando foi que o seu sofá antigo foi levado embora?

— Foi exatamente há uma semana atrás, na quarta-feira passada.

— No mesmo dia em que o seu gato sumiu, não é?

— Sim...

— Dona Janete, eu preciso do endereço da loja do seu sofá, por favor.

O detetive, então, pegou o endereço e correu para o seu carro. Quando chegou na loja de móveis, logo viu um gato perto de um funcionário e perguntou:

— Desculpe, mas este gato é de vocês?

— Bom, mais ou menos. Ele apareceu dentro da nossa loja faz uma semana, mas nós não sabemos quem é o dono.

O detetive investigou o sofá antigo da Dona Janete e logo entendeu tudo. O gato tinha entrado em uma almofada rasgada e, quando o sofá foi levado para a loja, ele foi junto, sem ninguém perceber! O caso agora estava resolvido. Ele retornou o gato para a dona e em três dias a investigação estava concluída.

Foi então para a casa descansar e lembrou-se do seu próprio tapete, que tinha também desaparecido. O que tinha acontecido com ele? Seria o detetive, também, sonâmbulo? Não demorou muito para ele descobrir este outro mistério. A única pessoa que tinha a chave de sua casa era sua mãe, então, ligou para ela e confirmou o fato. Sim, tinha sido ela mesma quem o levou, pois fazia tempo que este tapete não era lavado.

De tapetes a gatos, tudo estava resolvido. Mais uma noite chegava e o detetive podia descansar em paz. Assim, graças ao nosso grande detetive Rubens, coisas que sumiam, de novo apareciam. O detetive procurava e logo encontrava. No passado uma questão se respondia e, no amanhã, mais uma charada se escondia.

III
OS CINCO COELHOS DO
MONGE PITÂNIS

Capítulo 1

Os Pensamentos

Pitânis era um monge de muita sabedoria que vivia no topo de uma montanha altíssima. A montanha era tão alta que era completamente cercada por nuvens, nuvens muito bonitas, de cores lilás e azul claro. Pitânis levou anos para aprender o caminho para chegar ao topo, porém, quando conseguiu, pôde finalmente focar em suas ambições. Assim, as distrações da vida no vilarejo não eram mais um problema.

Uma de suas ambições era ser fluente em cinco línguas diferentes, então, para isso, teve que estabelecer alguns planos. O primeiro foi construir um castelo com as pedras que havia na montanha. Em cada pedra branca que ele pegava, ele escrevia uma palavra, a qual podia ser um substantivo ou um adjetivo. Em cada pedra cinza que pegava, escrevia um verbo. E foi assim que construiu um castelo com cinco cômodos diferentes, um para cada língua que queria aprender. Em um ano, ele já sabia duas mil palavras em cada língua, sem contar os verbos.

Sua memória estava carregada de palavras, mas faltava prática. Então, Pitânis decidiu descer até o vilarejo. Comprou muitos livros nas línguas em que estava praticando e, depois, foi para a floresta buscar cinco coelhos para viverem com ele no topo da montanha. Pôs os livros em um saco, os coelhos em outro, e voltou para a sua montanha.

Com cada coelho ele falava em uma língua diferente. É claro que os coelhos não respondiam, mas parecia que, com o passar do tempo, os coelhos sabiam distinguir com qual deles o monge falava. Os coelhos viviam muito felizes e adoravam correr em volta do castelo.

Um dia, um vento forte trouxe poeira para o topo da montanha. Então o monge disse para seus coelhos:

Corram para dentro do castelo
Porque logo vai ventar
E com o vento a poeira virá
Para que possa lhes sujar

E repetiu o mesmo verso cinco vezes, em cinco línguas diferentes. O sopro do vento vinha de forma descontrolada, assim como pensamentos inesperados que invadem a mente de todos os seres humanos. Para evitar estes pensamentos, Pitânis meditava todos os dias.

Um dia, uma chuva forte veio, inundando toda a montanha. Então o monge disse para seus coelhos:

Corram para dentro do castelo
Porque logo vai trovoar
E com a chuva a água virá
Para que possa lhes molhar

E repetiu o mesmo verso cinco vezes, em cinco línguas diferentes. Assim como o vento, a chuva também trazia o inesperado. Era necessário focar em seu aprendizado, e quando chovia, Pitânis entrava em seu castelo e revisava tudo o que já tinha aprendido.

Do alto da montanha, a vista do vale era fascinante. Era possível ver um lago enorme, o qual, à noite, refletia todo o céu e as estrelas.

Um dia, quando começou a anoitecer, Pitânis disse para seus coelhos:

Saiam de dentro do castelo
Porque logo vai anoitecer
E com a noite as estrelas virão
Para que possam lhes entreter

E repetiu o mesmo verso cinco vezes, em cinco línguas diferentes. Assim, o monge e seus coelhos, ao observarem a conversa da Lua com as estrelas, foram levados pela magia da noite. Estrelas cadentes traçavam flores no céu e brilhavam em diversas cores. Jatos azuis de poeira cósmica formavam espirais, que dançavam com os planetas.

Algumas estrelas explodiam como fogos de artifício e, outras, quando o vento batia na água do lago, eram arrastadas por ondas rítmicas. Galáxias se fundiam e o lago regia uma dança para os planetas executarem. Os olhos dos coelhos se arregalavam, admirados ao verem os microcosmos que as luzes do céu desenhavam. Era um espetáculo incrível e, sem dúvida nenhuma, foi uma noite inesquecível.

Capítulo 2

Os Hábitos

Pitânis era consciente de seus hábitos. Como a maioria das pessoas, ele cultivava hábitos temporais, acordava com o Sol, alimentava-se quando o Sol cruzava o meridiano e, por fim, dormia com a noite. Porém, ele também gostava de criar hábitos únicos, e conhecia bem cada um deles.

Cultivava hábitos físicos e nutricionais, para cuidar de seu corpo e saúde, hábitos de pensamento, para cuidar de sua mente e hábitos emocionais, para cuidar de suas emoções e sentimentos. Como a criação de um vaso de barro, o monge utilizava a técnica de hábitos para modelar tudo o que era vivo, como a si próprio e a seus coelhos. O mais interessante é que utilizava hábitos de comunicação para praticar as línguas que estava aprendendo.

Quando o monge acordava, desejava sempre bom-dia a seus coelhos e quando se deitava, desejava boa-noite. Do mesmo jeito, recitava versos quando ventava, quando chovia e quando anoitecia. Um dia, percebeu que na sua montanha vivia um pássaro azul muito pequeninho, quase invisível, mas que tinha um canto muito doce. Ao observar este pássaro por um tempo, percebeu que ele cantava sempre quando as nuvens permitiam a vinda dos raios de sol. Cada breve momento de sol ganhava uma melodia. Pitânis, então, resolveu fazer o mesmo e criar um hábito para cantar em resposta à presença do Sol, que era a maior estrela que ele conhecia. Então, nesse mesmo dia, compôs uma pequena melodia e cantou para seus coelhos:

Os hábitos dos coelhos
Imitam o Sol raiar
Pois são sempre oscilantes
E vibram até cansar

E repetiu a mesma canção cinco vezes, em cinco línguas diferentes. Para o monge, a improvisação era essencial em seu estudo. Músicos aprendem pequenos hábitos musicais que, com o passar do tempo, crescem e se transformam em ideias espontâneas. Com essas pequenas ideias espontâneas eles improvisam e o mesmo acontece quando as pessoas conversam. Há sempre frases favoritas que se repetem. Ao refletir sobre isso, o monge criou hábitos de conversação, desenvolvendo frases espontâneas para introduções, perguntas, respostas e despedidas. Ele as repetia sempre ao final da tarde.

Os coelhos adoravam cavar buracos, mas Pitânis, com medo de perder seus coelhos, os fechava sempre logo em seguida. Buracos só eram permitidos no jardim, dentro do castelo. Com o passar do tempo, este hábito dos coelhos foi diminuindo, mas alguns coelhos eram muito teimosos e insistentes.

Um dia, quando o monge estava cobrindo um dos buracos, ele cantou para seus coelhos:

Os hábitos dos coelhos
Imitam a terra mover
Pois são sempre insistentes
E demoram a crescer

E repetiu a mesma canção cinco vezes, em cinco línguas diferentes. Pitânis sabia bem como criar e modificar hábitos, mas era necessário ter muita paciência para colher o que plantava. Ele não se importava, pois viver em plena natureza era maravilhoso. A montanha tinha muito verde, e uma atmosfera sonora de pássaros, grilos, cigarras e sapos.

Sempre que os coelhos tinham sede, eles iam até a nascente de água que havia na montanha. De lá, um pequeno rio se formava, o qual se dividia em milhares de cachoeiras, que desciam a montanha até caírem com força nas águas do grande lago. O resultado visual era sublime.

Um dia, Pitânis resolveu levar os coelhos para o pequeno rio. Lá, todos eles brincaram, pularam, nadaram e se banharam no riacho. O monge, ao fixar sua concentração nas águas que batiam nas pedras, improvisou uma nova canção:

Os hábitos dos coelhos
Imitam o rio dançar
Pois são sempre parecidos
E fluem sem parar

E repetiu a mesma canção cinco vezes, em cinco línguas diferentes. Pitânis sabia que todo hábito precisava de um começo. Hábitos de poesia e hábitos de canto eram, então, associados à natureza. E foi por essa razão que o monge recitou poemas ao vento descontrolado, à chuva de trovoadas e à noite de estrelas e, também, cantou canções ao Sol, à terra e à água.

Capítulo 3

As Associações

Quando meditava, Pitânis buscava entender de onde os seus pensamentos vinham. Sugeriu, então, que eles viessem de associações. Experiências recentes da semana, do dia, da hora, do minuto ou do segundo. Os bichos que cantavam, as estrelas que brilhavam e todos os outros símbolos que tomavam sua atenção, respiravam vivos em sua memória.

Memória era algo fundamental em seus estudos linguísticos. Assim, do mesmo jeito que seus pensamentos vinham de associações, suas novas palavras eram memorizadas por associações. A palavra "pássaro", por exemplo, foi útil para o monge memorizar muitas outras palavras que começavam com o mesmo som.

Porém, havia um problema. Às vezes, o monge não conhecia nenhuma associação para sons e palavras novas, pois seu vocabulário era limitado. Um dia, achou uma solução para isso. Toda vez que precisava memorizar um som novo, ele dava um nome a um bicho que vivia na montanha e, ao mesmo tempo, associava o significado desta palavra com o animal. Um dia, encontrou uma palavra nova, que significava "engraçado". Essa palavra tinha um som muito estranho e era difícil de memorizar, então, teve uma ideia espontânea e disse para seus coelhos:

Aqui está uma palavra
Que com o sapo vou associar
Pois ele é engraçado
E Engraçado vai se chamar

E repetiu a mesma ideia cinco vezes, em cinco línguas diferentes. E assim, chamou o sapo que vivia perto da entrada do castelo de "sapo engraçado", na nova língua que estava aprendendo. Sempre quando ele via o sapo, lembrava-se do novo som e da palavra que tinha aprendido. A palavra "engraçado" ficou associada à palavra "sapo", e o monge percebeu que adjetivos conectados com outras palavras eram mais fáceis de lembrar. Então, sempre quando aprendia uma palavra como azul, verde, pequeno, grande, memorizava junto com outra palavra, assim como céu azul, árvore verde, rio pequeno e estrela grande.

Outra ideia que teve foi a de associações por ambiente. Às vezes, ele estudava no jardim do castelo, às vezes no riacho e, às vezes, em cima de uma pedra grande da montanha, onde observava todo o vale. Ele fazia isso para associar novas palavras ao ambiente em que estava. Ainda assim, ele queria encontrar mais técnicas de associação.

Um dia, encontrou uma palavra pequena, mas muito difícil de memorizar, pois não havia qualquer associação possível. Então, ele teve outra ideia espontânea. Ao invés de associar a palavra, por que não associar as letras da palavra? Em alguns alfabetos letras também são símbolos, mas não no alfabeto latino.

Assim, Pitânis criou uma associação para cada letra do alfabeto latino e disse para seus coelhos:

Aqui está a letra O
Que com o Sol vou associar
Pois ela é redonda
E Sol vai se chamar

E repetiu a mesma ideia cinco vezes, em cinco línguas diferentes. Pitânis determinou que a letra O, representava o Sol. C, representava a Lua. F, uma árvore. M, uma montanha. A, uma cabana. H, uma ponte. E assim por diante, até completar o alfabeto inteiro. Assim, criou o hábito de associar letras com símbolos visuais. Depois de muita prática, suas associações ficaram mais rápidas e mais eficientes.

Um dia, o Sol forte, a letra O, começou a brilhar intensamente. Pitânis logo cantou para seus coelhos:

Os hábitos dos coelhos
Imitam o Sol raiar
Pois são sempre oscilantes
E vibram até cansar

E repetiu a mesma canção cinco vezes, em cinco línguas diferentes. Assim, o Sol radiou todo o verde da montanha, as árvores viraram sombras e todos os animais se agitaram. Porém, do outro lado da montanha, raios e trovões ameaçavam uma chuva forte. Então, Pitânis disse para seus coelhos:

Corram para dentro do castelo
Porque logo vai trovoar
E com a chuva a água virá
Para que possa lhes molhar

E repetiu o mesmo verso cinco vezes, em cinco línguas diferentes. De um lado era sol, do outra era chuva. Logo, um imenso arco-íris surgiu. Entre água e luz, sete cores brilhavam no céu. Mas não era um arco-íris qualquer, era um arco-íris de círculo completo! Pitânis ficou de boca aberta, sem acreditar no que estava vendo. Era, realmente, sublime. Foi até a pedra grande da montanha e sentou-se para assistir a este evento incrível. Os coelhos de Pitânis correram em direção ao arco-íris e da vista da pedra grande parecia que saltavam em cima do azul, do verde, do violeta, etc. Pitânis, então, teve uma ideia e gritou a seus coelhos:

Aqui está uma palavra
Que com o arco-íris vou associar
Pois ela é colorida
E Cor vai se chamar

E repetiu a mesma ideia cinco vezes, em cinco línguas diferentes. Assim, cada uma das sete cores recebeu um papel associativo. Vermelho era a cor do sangue, representando coragem, paixão, amor e, por fim, foi associada às emoções e sentimentos. Laranja era a cor das frutas e vegetais, como laranjas, abóboras e cenouras e foi associada à comida e outras necessidades humanas. Amarelo era o ouro, então, simbolizava o poder material e todos os artefatos criados pelo homem. Verde era a natureza, representando plantas, o sol, a chuva, etc.

O azul era a cor do céu dos pássaros e do mar dos peixes, então, foi associado aos animais. O azul escuro ou índigo foi associado ao corpo humano e, também, a todos os tipos de anatomia. Por último, a cor violeta foi associada a palavras não visuais, assim como àquelas favoritas do filósofo Immanuel Kant: o belo, o sublime, o agradável e o bom. Assim, toda palavra nova que o monge aprendia era também associada a uma cor.

Pitânis sentiu que havia atingido seu objetivo. Aprendeu como criar atenção e dedicação, evitando pensamentos inesperados. Aprendeu também a desenvolver incríveis habilidades, através do uso de hábitos. Aprendeu também que, dominando a arte da associação, línguas novas podiam ser aprendidas. Foi um resultado surpreendente. Por fim, Pitânis desceu ao vilarejo e viajou pelo mundo afora para praticar as cinco línguas que já sabia. Assim, estava livre para continuar expandindo sua sabedoria e para experimentar a vida de outras culturas.